BAND 8c

SOWAS!

macht Kinder zu Experten für sich selbst

Sigrun Eder
Petra Rebhandl-Schartner
Evi Gasser

Annikas Gute-Laune-Buch

Dieses Buch gehört:

edition
riedenburg

Ich bin Annika.

In meinem Leben ist eine Menge los! Es gibt Tage, die sind richtige Glückstage. Ich fühle mich voller Energie und könnte aus Freude die ganze Welt umarmen. Und dann gibt es Tage, an denen bin ich schlecht gelaunt. Ich fühle mich, als hätte jemand die Luft aus einem Schlauchboot gelassen: müde, kraftlos und ausgelaugt. Meine Gedanken und Gefühle wirbeln durcheinander und ich weiß zuerst nicht, wie ich mich beruhigen und wieder klar denken kann. Geht es dir ähnlich?

Zum Glück habe ich herausgefunden, was mir an solchen Tagen hilft: Ich nehme mir Zeit, höre in mich hinein und beachte meine Gefühle. Wie ein Gefühls-Detektiv bin ich auf der Suche nach dem, was ich tief in mir spüre. Das macht mein Leben einfacher.

Mein Gute-Laune-Buch hilft dir, deine Gefühle besser zu verstehen und herauszufinden, wer du bist und was für dich wichtig ist.

Ich begleite dich durch Herbst, Winter, Frühling und Sommer. Fang gleich an, nach dem passenden Monat zu suchen, denn du kannst jederzeit einsteigen und den passenden Tipp je nach Jahreszeit für dich heraussuchen. Es gibt so viel zu entdecken und auszufüllen. Und wenn du magst, sing doch dabei mein Lied!

Worauf wartest du noch? Schnapp dir deine Stifte und leg los!

Deine

 **Annika**

Mein Lied kannst du im Internet hören! SOWAS-Buch.de

Jeder Tag ist der schönste meines Lebens

Text und Melodie: Caroline Oblasser

Je - der Tag ist der schöns-te mei-nes Le-bens, ich hab wirk - lich ganz viel Spaß! Wie das kommt, ja das kann ich dir schon sa-gen: Ich mach ein-fach dies und das. Freun-de tre-ffen, lus - tig kle-ffen, bas-teln, ma-len, Spaß mit Zah-len!

Jeder Tag ist der schönste meines Lebens,
ich hab wirklich ganz viel Spaß!
Wie das kommt, ja das kann ich dir schon sagen:
Ich mach einfach dies und das.

Ganz oft rausgeh'n,
die Natur seh'n,
rundherum dreh'n,
wie ein Baum steh'n!

Jeder Tag ist der schönste meines Lebens,
ich hab wirklich ganz viel Spaß!
Wie das kommt, ja das kann ich dir schon sagen:
Ich mach einfach dies und das.

Wenn der Frühling kommt und die Bäume blüh'n,
sind die Wiesen und die Wälder grün.
Ist die Sonne da, ist das wunderbar,
alle haben frei, ich bin auch dabei.

Im September dann, wenn der Herbst beginnt,
kommt die Zeit vom Jahr, die die Blätter nimmt.
Man kann Drachen steigen lassen,
das will ich echt nicht verpassen!

Auf den Winter freu ich mich,
der ist weiß und königlich:
Die Wolken tanzen durch den Wind,
und ich, ich bin das frohste Kind.

Jeder Tag ist der schönste meines Lebens,
ich hab wirklich ganz viel Spaß!
Schreib ich das in mein kunterbuntes Tagebuch,
kommt die gute Laune zu Besuch.

Ich heiß' Annika
wie heißt denn du?
Verrat es mir
im Nu.

Annikas Familie

Papa Tobias

Mama Lisa

Katze Finnie

Annika

Tante Paula

Oma Greta

Opa Willi

Tim

Annikas Steckbrief

Ich heiße Annika und bin acht Jahre alt.

Meine Lieblingsstrümpfe sind Kringelsocken.

Marmeladenbrot, einen aufgeschnittenen Apfel und Tee mag ich zum Frühstück am liebsten.

Ich finde Abenteuergeschichten und Tante Paula spitze. Sie ist die Schwester von Mama. Mit ihr wird es nie langweilig! Außerdem ist sie für mich da, wenn ich sie brauche.

Am liebsten sind mir blitzblaue Sommertage am See.

Mich nerven gemeine Mitschüler/Mitschülerinnen, die andere Kinder auslachen.

Zu meiner Familie gehören Mama, Papa, Tim, Tante Paula, Oma Greta, Opa Willi und ich. Unser jüngstes Familienmitglied ist Katze Finnie. Sie ist zwei Jahre alt.

Mein Steckbrief

Ich heiße .... und bin .... Jahre alt.

Meine Freunde/Freundinnen sagen zu mir ....

Meine Eltern nennen mich ....

Ich bin .... cm groß.

Meine Augenfarbe ist ....

Am liebsten esse ich ....

Meine Lieblingsfarbe ist ....

Mein Lieblingslied heißt .... und

ist von ....

Mein Lieblingstier ist ....

In der Freizeit mache ich besonders gern ....

Meine Freunde/Freundinnen heißen mit Vornamen

....

Das kann ich besonders gut: ....

Das will ich in diesem Jahr unbedingt erleben: ....

....

Das mag ich gar nicht: ....

So bekomme ich gute Laune: ....

....

Klebe hier ein Bild
von dir ein!

Wichtige Telefonnummern

Name:

....

Telefon:

....

Name:

....

Telefon:

....

Name:

....

Telefon:

....

Name:

....

Telefon:

....

Name:

....

Telefon:

....

Name:

....

Telefon:

....

Name:	Name:	Name:
....	....	....
Telefon:	Telefon:	Telefon:
....	....	....

Name:	Name:	Name:
....	....	....
Telefon:	Telefon:	Telefon:
....	....	....

11

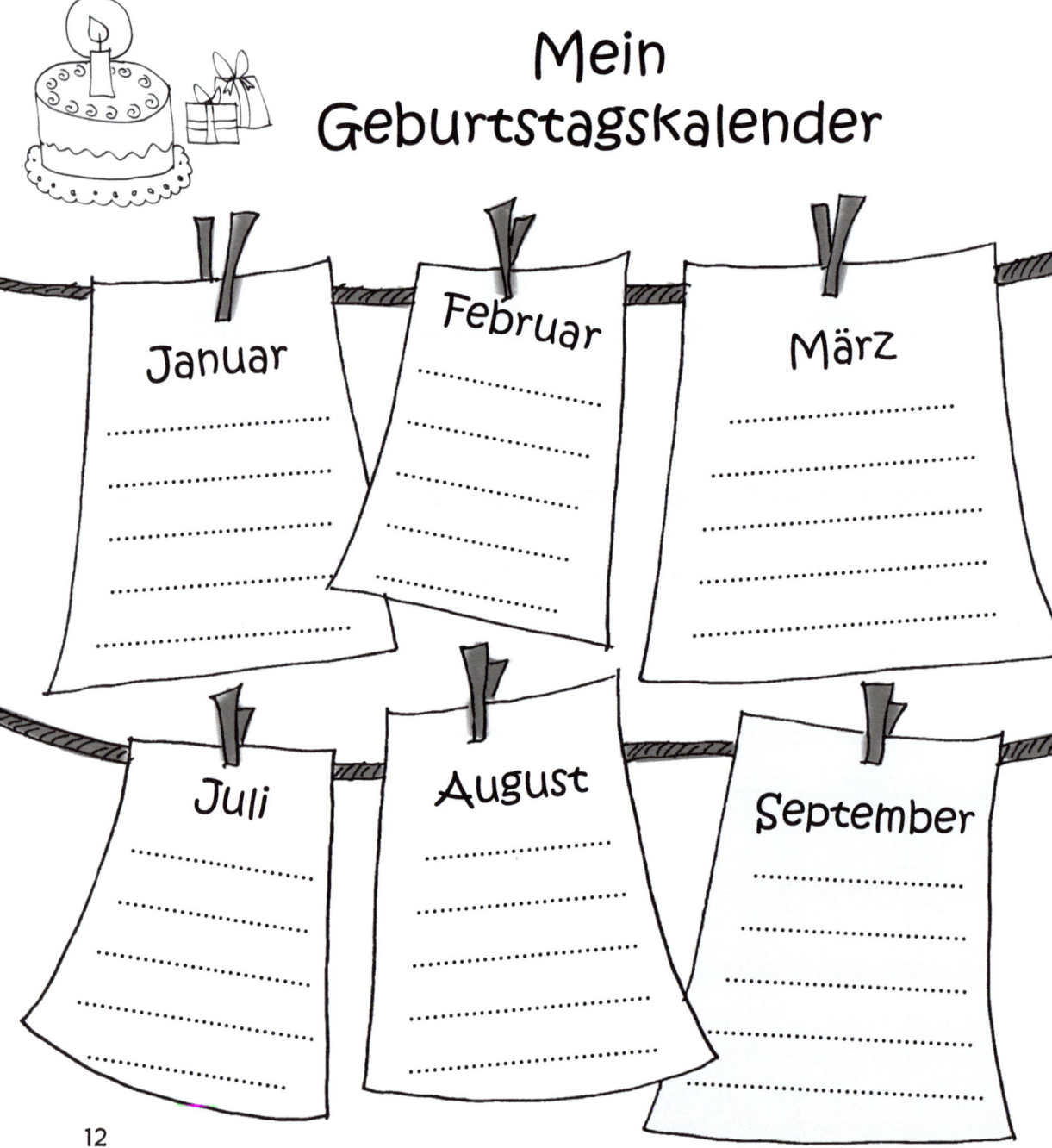

Mein Geburtstagskalender

Januar

Februar

März

Juli

August

September

13

Scheinwerfer an: Jetzt geht´s um dich!

Das ist meine Lieblingskleidung: ....

....

Wenn ich sie trage, fühle ich mich ....

....

14

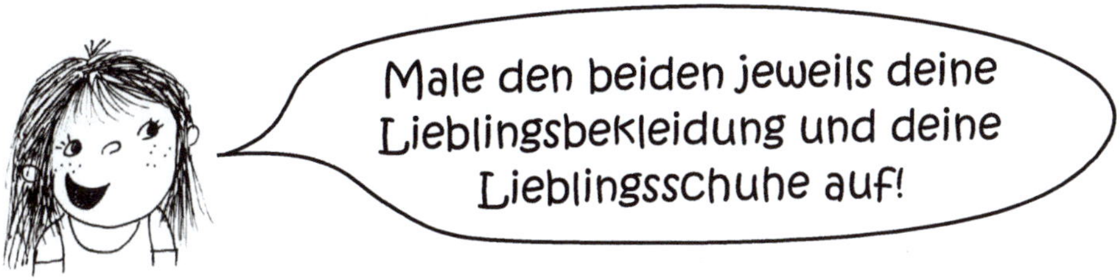

Male den beiden jeweils deine Lieblingsbekleidung und deine Lieblingsschuhe auf!

15

Annikas Familienwurzeln

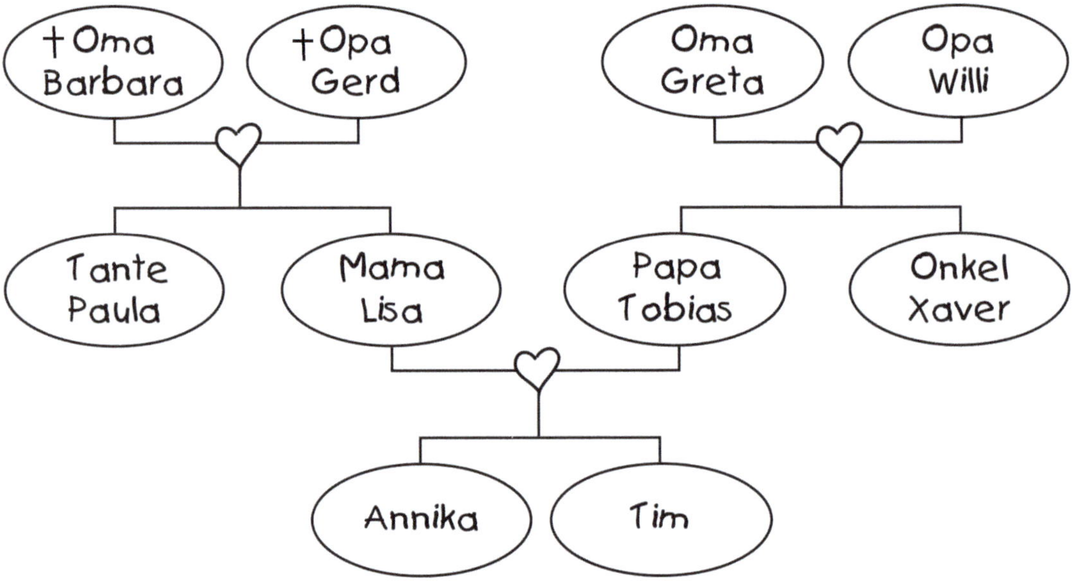

†Oma Barbara — †Opa Gerd ♥

Oma Greta — Opa Willi ♥

Tante Paula — Mama Lisa

Papa Tobias — Onkel Xaver

Mama Lisa ♥ Papa Tobias

Annika — Tim

Oma Barbara und Opa Gerd sind leider schon tot. Oma Barbara starb vor fünf, Opa Gerd vor vier Jahren.

Tim ist drei Jahre jünger als Annika. Er kommt erst nächstes Jahr in die Schule.

Papas Bruder Xaver ist vor elf Jahren nach Australien ausgewandert.

Vervollständige diese drei Sätze und zeichne deine eigenen Familienwurzeln auf! Hast du eine größere, kleinere oder Patchwork-Familie? Dann zeichne deine Familienwurzeln auf einem Blatt Papier auf, schneide es aus und klebe es ein.

Mit .... (hier sollst du einen Namen reinschreiben) fühle ich mich besonders verbunden.

Mit .... kann ich .... besonders gut machen.

Mit .... habe ich viele schöne Erinnerungen, nämlich zum Beispiel ....

Meine Familienwurzeln

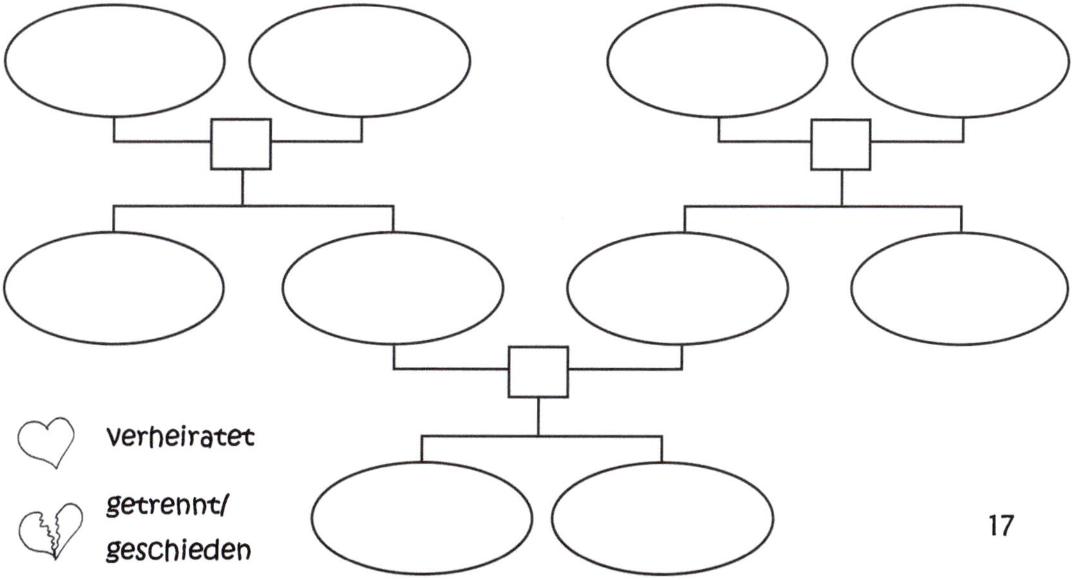

♡ verheiratet

💔 getrennt/ geschieden

Meine Verwandten

Meine Mama heißt .... und an ihr mag ich besonders gern, dass sie ....

Mein Papa heißt .... und an ihm mag ich besonders gern, dass er ....

Ich habe ...... Schwestern und ...... Brüder. Sie heißen .

....

Ich finde toll, dass man mit ihnen ....

.... machen kann.

Meine Lieblingstante heißt .... Sie ist meine Lieblingstante, weil ....

Mein Lieblingsonkel heißt .... Er ist mein Lieblingsonkel, weil ....

Ich habe ...... Cousins und ...... Cousinen. Besonders gut verstehe ich mich mit .... ,

weil ....

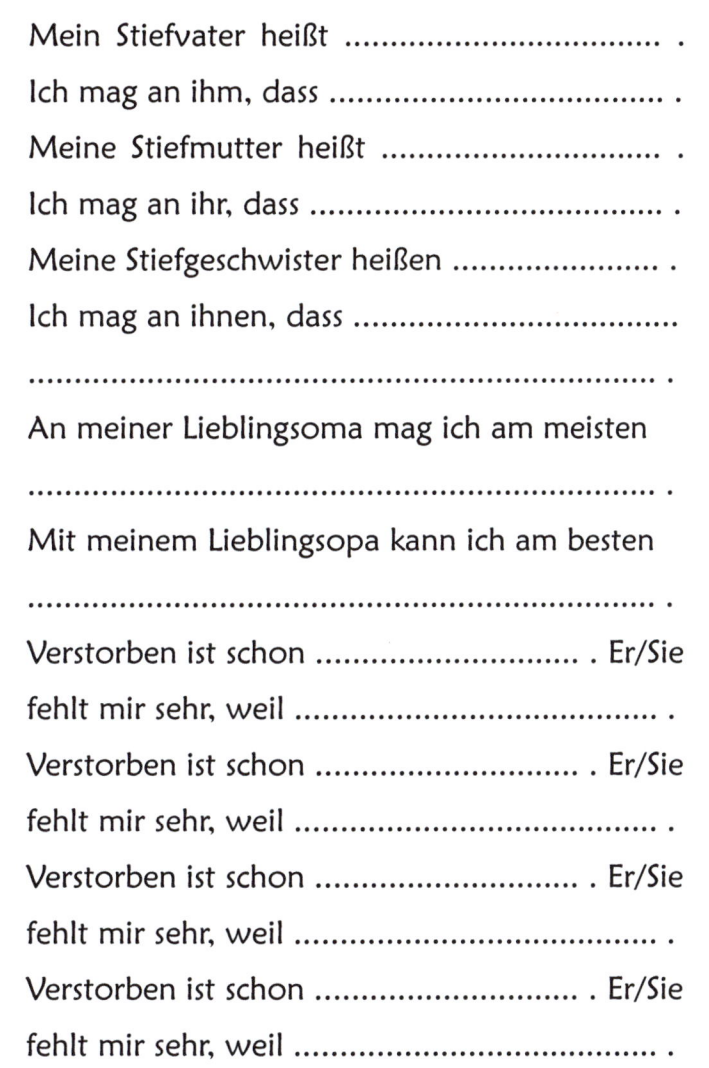

Mein Stiefvater heißt ....

Ich mag an ihm, dass ....

Meine Stiefmutter heißt ....

Ich mag an ihr, dass ....

Meine Stiefgeschwister heißen ....

Ich mag an ihnen, dass ....

....

An meiner Lieblingsoma mag ich am meisten

....

Mit meinem Lieblingsopa kann ich am besten

....

Verstorben ist schon .... Er/Sie

fehlt mir sehr, weil ....

Verstorben ist schon .... Er/Sie

fehlt mir sehr, weil ....

Verstorben ist schon .... Er/Sie

fehlt mir sehr, weil ....

Verstorben ist schon .... Er/Sie

fehlt mir sehr, weil ....

Annikas Freunde und Freundinnen

Meine Freunde und Freundinnen

So heißen meine besten Freunde und Freundinnen. Mit ihnen an meiner Seite fühle ich mich gut.

.... Kann gut ....

.... Kann gut ....

.... Kann gut ....

.... Kann gut ....

.... Kann gut ....

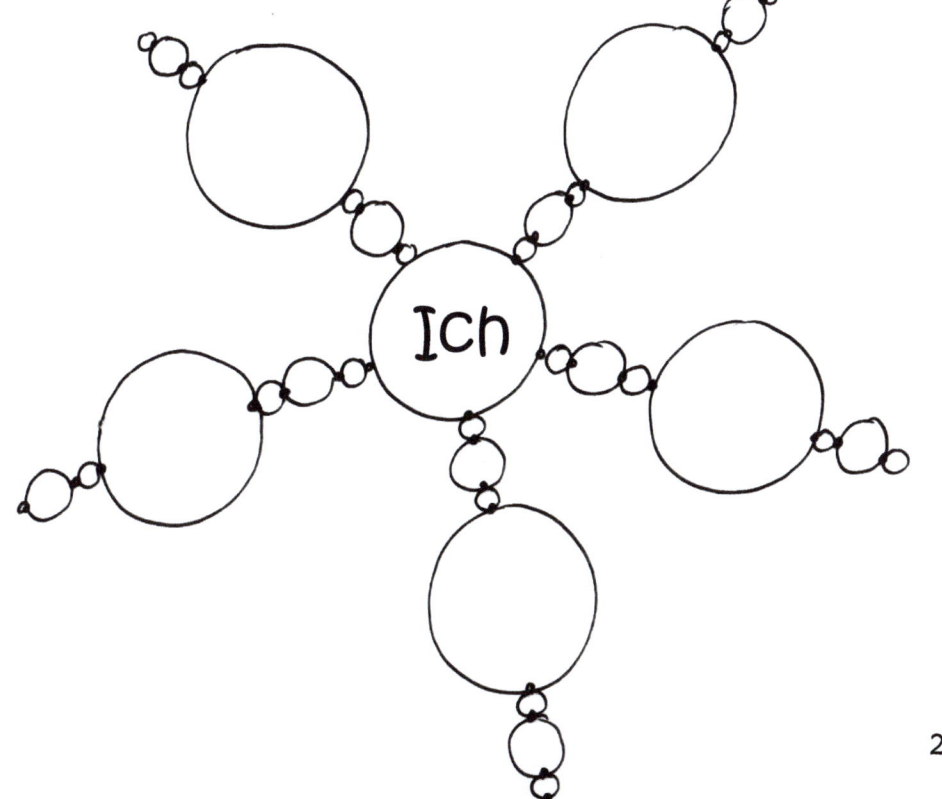

Annikas Wochenplan für das erste Halbjahr

Turn-Tag		Badewannen-Tag		Freundinnen-Tag		Ausflug-Tag
MO	**DI**	**MI**	**DO**	**FR**	**SA**	**SO**
	Aufräum-Tag		Lern-Tag		Ausschlaf-Tag	

Trage hier deine Freizeitaktivitäten und jene Zeiten ein, die nur für dich sind.

Mein Wochenplan für das erste Halbjahr

MO	DI	MI	DO	FR	SA	SO

Mein Wochenplan für das zweite Halbjahr

MO	DI	MI	DO	FR	SA	SO

Fülle den Stundenplan aus. Male dann den Stern neben deinen Lieblingsfächern bunt an.

Mein Stundenplan für das erste Halbjahr

Zeit	MO	DI	MI	DO	FR	SA
	☆	☆	☆	☆	☆	☆
	☆	☆	☆	☆	☆	☆
	☆	☆	☆	☆	☆	☆
	☆	☆	☆	☆	☆	☆
	☆	☆	☆	☆	☆	☆
	☆	☆	☆	☆	☆	☆
	☆	☆	☆	☆	☆	☆
	☆	☆	☆	☆	☆	☆
	☆	☆	☆	☆	☆	☆
	☆	☆	☆	☆	☆	☆

Mein Stundenplan für das zweite Halbjahr

Zeit	MO	DI	MI	DO	FR	SA
	☆	☆	☆	☆	☆	☆
	☆	☆	☆	☆	☆	☆
	☆	☆	☆	☆	☆	☆
	☆	☆	☆	☆	☆	☆
	☆	☆	☆	☆	☆	☆
	☆	☆	☆	☆	☆	☆
	☆	☆	☆	☆	☆	☆
	☆	☆	☆	☆	☆	☆
	☆	☆	☆	☆	☆	☆
	☆	☆	☆	☆	☆	☆

Annikas
Herbst

September

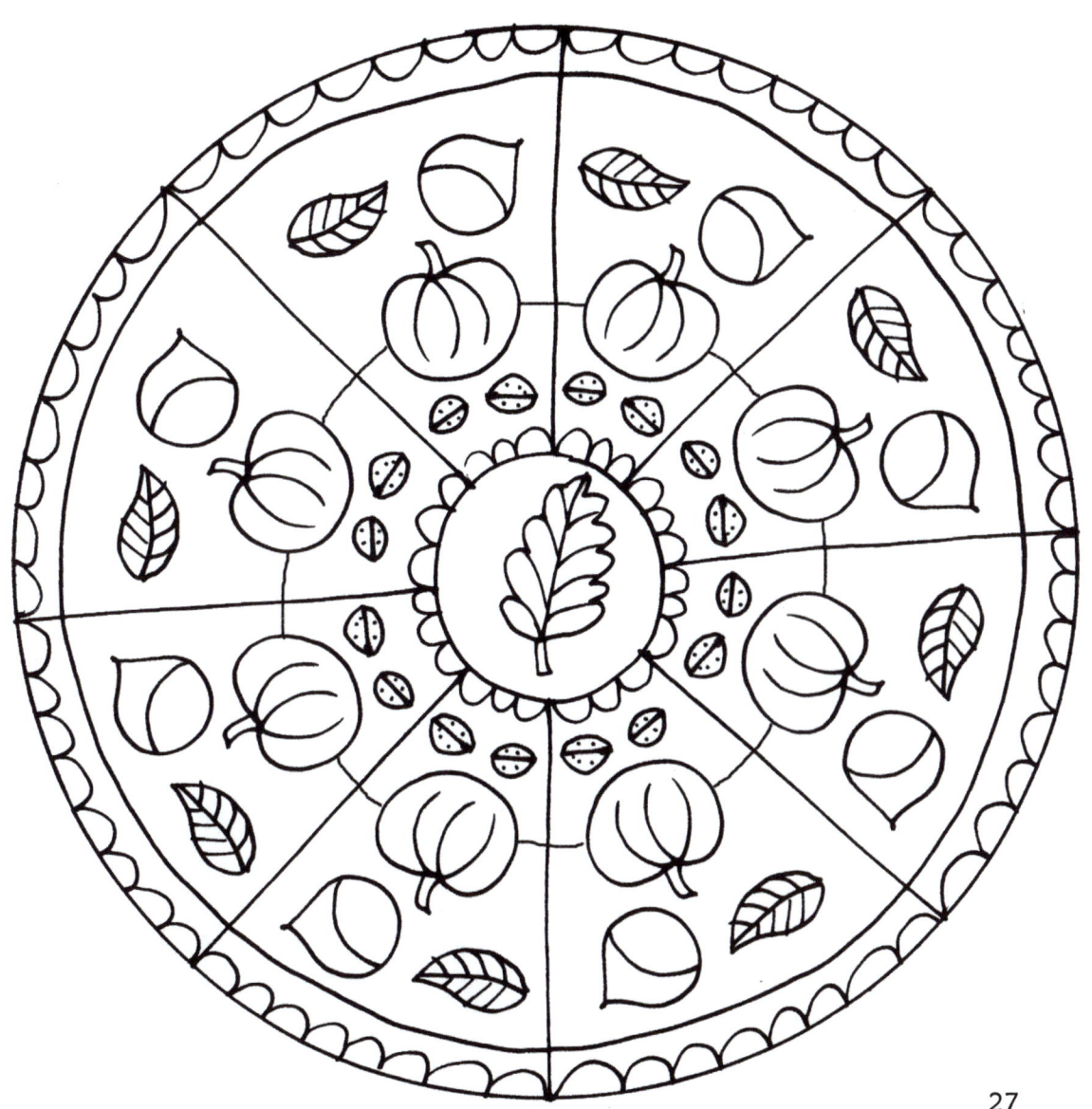

Hallo du!

Ich bin Annika. Der Sommer war schön.

Mama, Papa, Tim und ich waren in Italien. Wir haben Muscheln gesammelt und mit nach Hause gebracht.

Nun ist wieder Schule.

Mit Mama war ich meine Schulsachen einkaufen.

Oma hat mir neue Sportschuhe geschenkt.

Annika will's wissen!

Jetzt bist du dran.
Beantworte diese Fragen.

Welche Sommergeschichten hast du von deinen Mit-
schülern/Mitschülerinnen gehört?

....

....

Wie hast du dich auf den Schulstart vorbereitet? ....

....

....

Was ist alles neu in deiner Schultasche? ....

....

Welche Dinge sind gebraucht, aber noch gut zu verwenden?

....

Was ist dein Glücksbringer für alle Schularbeiten und andere
Herausforderungen? ....

....

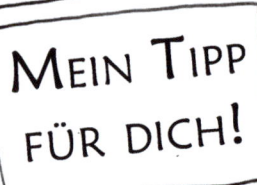

MEIN TIPP FÜR DICH!

Die Gute-Laune-Box

Falls du Urlaub gemacht hast:

Bastle dir aus deinen Urlaubsmitbringseln eine Gute-Laune-Box.

Das geht so: Besorge dir einen Schuhkarton und beklebe ihn mit bunten Papierresten. Lege nun deine Mitbringsel vom letzten Urlaub hinein, z.B. eine Muschel, ein Gefäß mit Sand vom Strand, Urlaubsfotos, eine Ansichtskarte oder selbstgemalte Bilder mit deinen schönsten Urlaubserinnerungen.

Hast du mal einen Miese-Laune-Tag, dann schnapp dir deine Gute-Laune-Box, öffne sie und schwelge in den schönen Erinnerungen. So kommst du ganz schnell auf bessere Gedanken, weil die miese Laune verfliegt.

Falls du den Sommer bei dir zu Hause verbracht hast:

Bastle dir ein Windspiel.

Das geht so: Schnapp dir einen Zweig von deinem Lieblingsbaum. Mache Fotos von schönen Gegenständen, Landschaften, Personen und Tieren, die es bei dir zu Hause gibt. Klebe diese Bilder auf buntes Tonpapier, loche sie und hänge sie mit Wollfäden an den Ast. Statt Fotos aufzuhängen kannst du auch selber Bilder malen.

Hast du mal einen Miese-Laune-Tag, dann schau dem Windspiel zu, wie es sich bewegt. So fliegt die schlechte Stimmung weg und du kommst ganz schnell auf bessere Gedanken.

September

ACHTE AUF DEINE GEFÜHLE!

Jetzt darfst du benoten! Male die entsprechenden Gesichter bunt an.

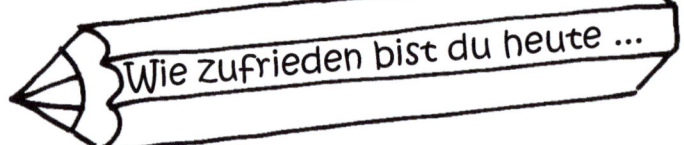

Wie zufrieden bist du heute ...

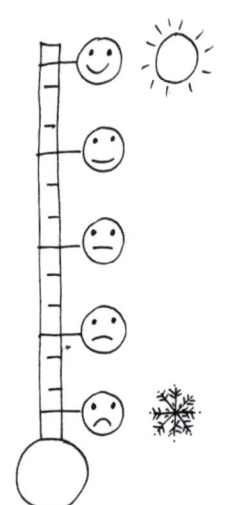

... mit deinen neuen Lehrern/ Lehrerinnen

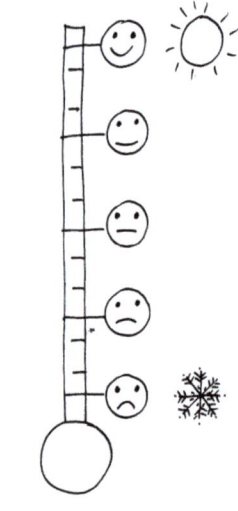

... mit deinem Sitznachbarn/deiner Sitznachbarin

... mit deinem Stundenplan

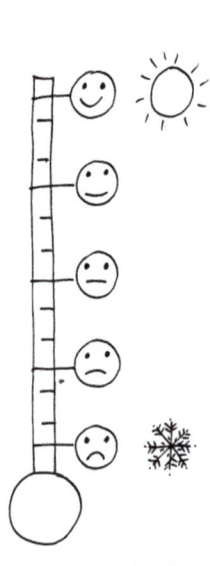

... mit deinen Mitschülern/ Mitschülerinnen

Ein Platz in meinem Herzen

FÜHL DICH WOHL!

Wer hat einen festen Platz in deinem Herzen? Klebe ein Foto ein oder male selbst ein Bild.

September

Notizen

Notizen

Oktober

Tim hat heute beim Toben Annikas neues Märchenbuch in die Hände bekommen und die ersten Seiten zerrissen. Annika war sehr wütend auf Tim. Er hat sich entschuldigt und sie getröstet. Aber Annika ist immer noch traurig über das Missgeschick.

Zum Glück geht Papa mit Tim und mir am Nachmittag zum Drachensteigen. Darauf freue ich mich riesig!

Wie geht es dir heute? Male das entsprechende Gesicht bunt an!

ACHTE AUF DEINE GEFÜHLE!

Heute fühle ich mich ...

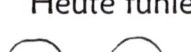 

37

Warmer Tee

MEIN TIPP FÜR DICH!

Wenn es dich nach einem Spaziergang im Blätterwald fröstelt:

Gönn dir zu Hause eine heiße Tasse Tee.

Weißt du, wie das geht? Wähle einen Tee nach deinem Geschmack aus. Hänge den Teebeutel in eine Tasse und gieße heißes Wasser darauf. Ein Erwachsener/ein großes Geschwisterkind kann dir dabei helfen.

Lasse den Tee dann ein paar Minuten ziehen. Nimm den Teebeutel anschließend wieder heraus und gib, wenn du möchtest, einen Löffel Honig in den Tee.

Trinke deinen Lieblingstee eingekuschelt am Sofa.

Hmmmhh – das wärmt dich gut!

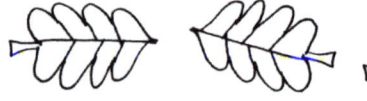

FÜHL
DICH
WOHL!

Was hast du am Wochenende gemacht?
Schreibe es auf! Zeichne anschließend
deinen schönsten Moment.

Mein schönstes Wochenende im Oktober war am:

....

Da habe ich Folgendes gemacht:

....

....

....

Diese Person/Diese Personen waren mit dabei:

....

Oktober

Notizen

November

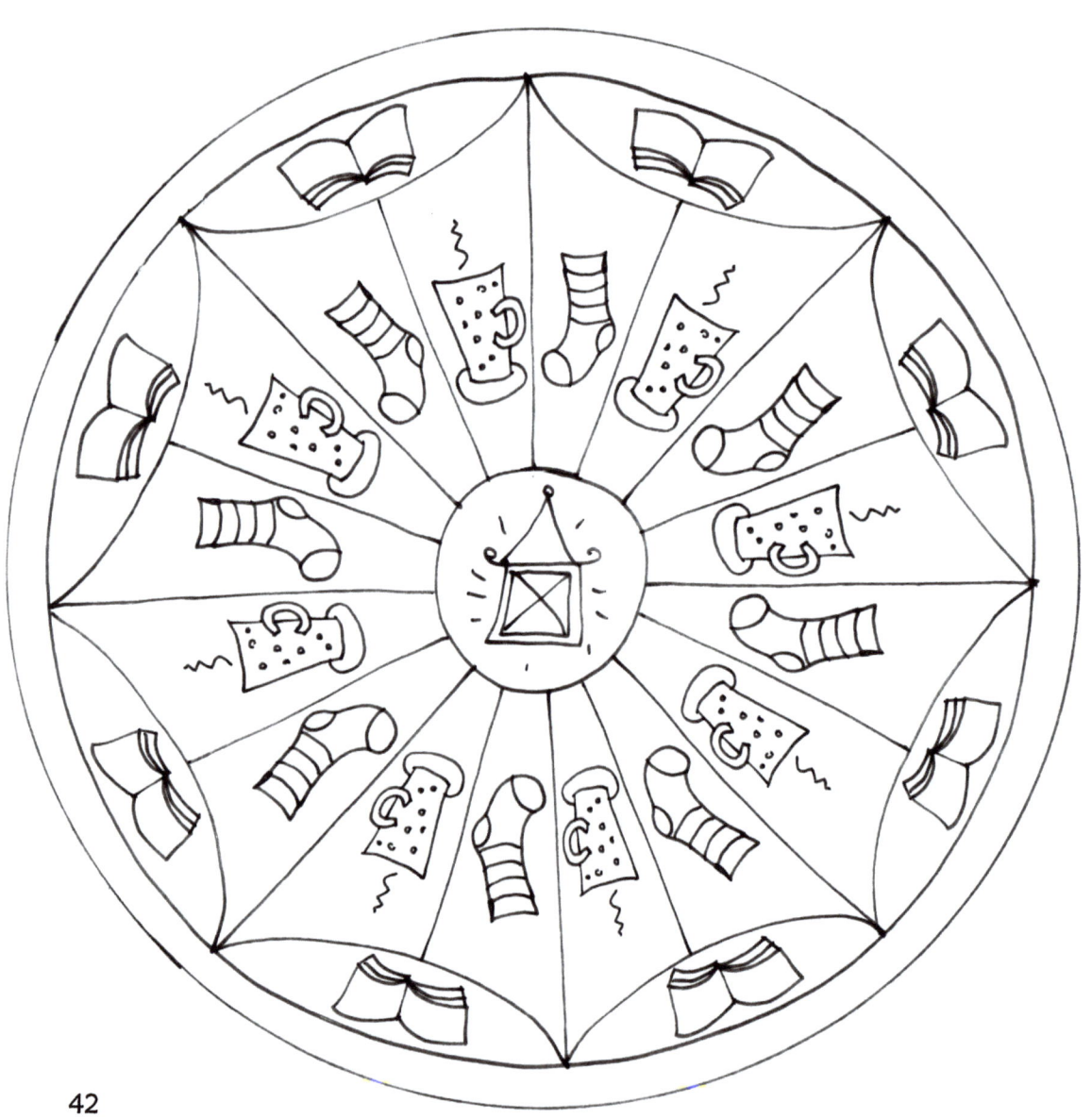

Annika will's wissen!

Draußen ist es nass und finster. Wie sorgst du für gute Laune, wenn du nicht mehr so oft draußen spielen kannst?

Welche Spiele kannst du noch 100 Mal spielen, ohne dass sie öde werden?

....

....

Was unternimmst du mit deinem besten Freund/deiner besten Freundin am liebsten?

....

....

Wenn man wegen des Wetters nur drinnen spielen kann, was spielt ihr dann gerne?

....

....

43

Annika will's wissen!

Morgen ist Laternenfest. Ich kann es kaum erwarten! Meine Laterne habe ich selbst gebastelt. Ich bin sehr neugierig, wie sie Mama gefällt. Tim wird auch dabei sein. Er darf sogar meine Laterne halten, wenn er gut auf sie achtet.

Feierst du ein Laternenfest in der Schule?

Welche Farbe wird deine Laterne haben?

Hast du deine Laterne selbst gebastelt?

Was bringt Licht in dein Leben?

Was bedeutet es für dich, wenn Licht die Finsternis erhellt?

Wie fühlst du dich, wenn eine kleine Kerze in der Finsternis erstrahlt?

Kennst du ein Laternenlied?

Warmes Fußbad

MEIN TIPP FÜR DICH!

Hast du Lust, dir etwas Gutes zu tun? Dann mach dir ein angenehm warmes Fußbad.

Fühle, wie sich die wohlige Wärme von unten bis oben in deinem ganzen Körper ausbreitet.

Wenn deine Hände kalt sind, kannst du sie zu den Füßen ins Wasser dazustecken.

Nachdem du dich im Wasser genug entspannt und durchgewärmt hast, steige mit deinen Füßen auf ein flauschiges Handtuch und tupfe sie anschließend sanft trocken. Massiere dann deine Füße mit einer weichen Bürste und creme sie gut ein.

Zum Schluss ziehst du dir noch dicke Kuschelsocken an.

Hier ist Platz für dein Namensrätsel:
Schreibe deinen Namen senkrecht
auf diese Seite. Lass dir nun passende
Worte zu deinen Buchstaben einfallen!

A lbern
N eugierig
N atur
I nteressiert
K uschelsocken
A frika

Rätsel

Notizen

Annikas
Winter

Dezember

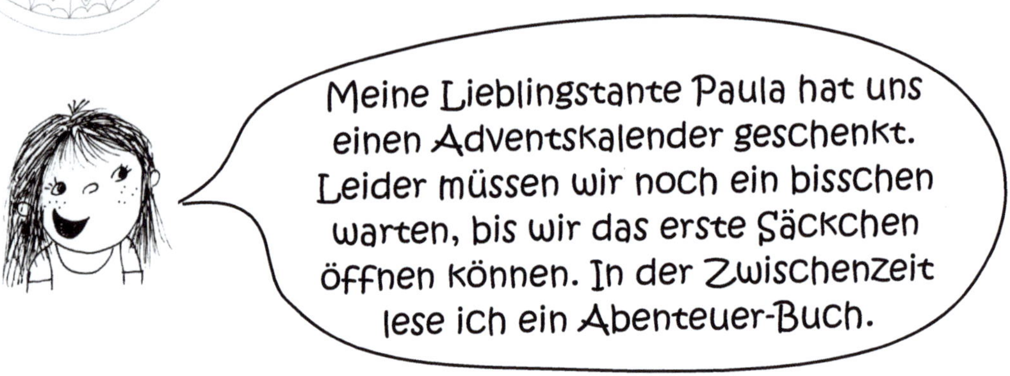

Meine Lieblingstante Paula hat uns einen Adventskalender geschenkt. Leider müssen wir noch ein bisschen warten, bis wir das erste Säckchen öffnen können. In der Zwischenzeit lese ich ein Abenteuer-Buch.

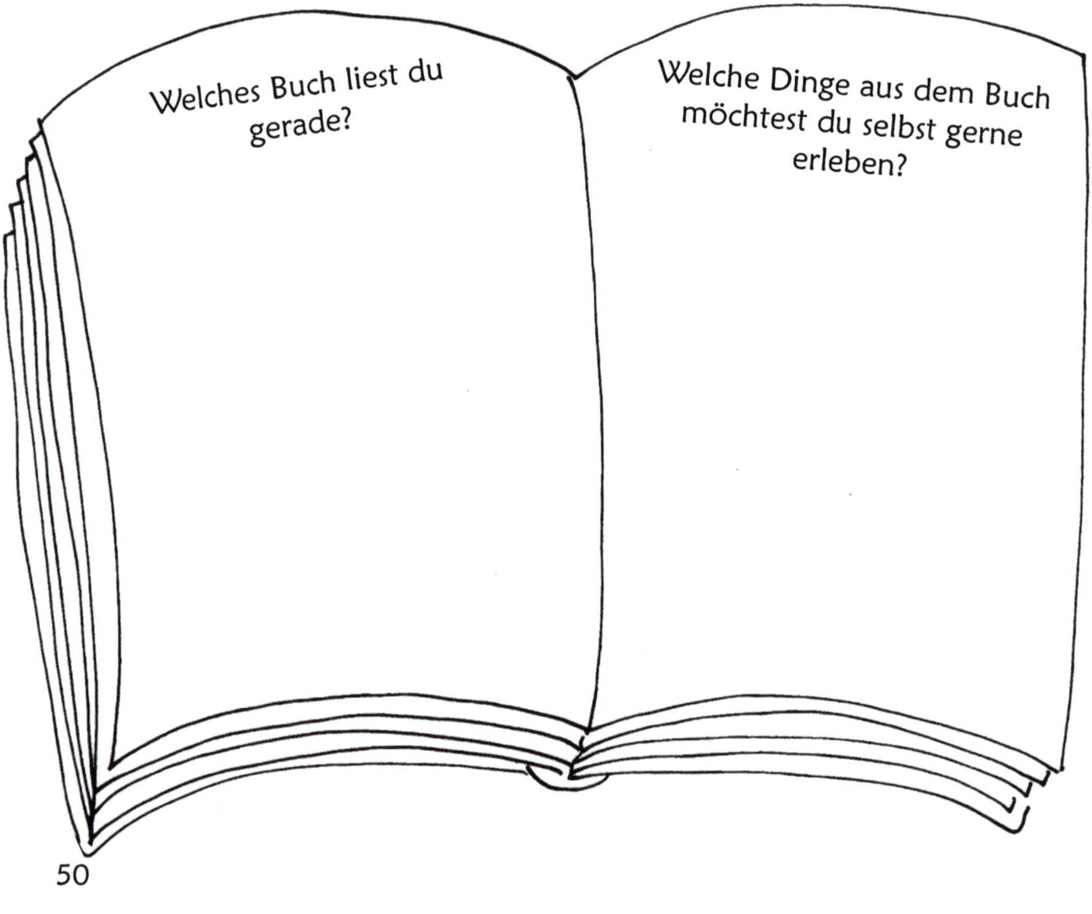

Welches Buch liest du gerade?

Welche Dinge aus dem Buch möchtest du selbst gerne erleben?

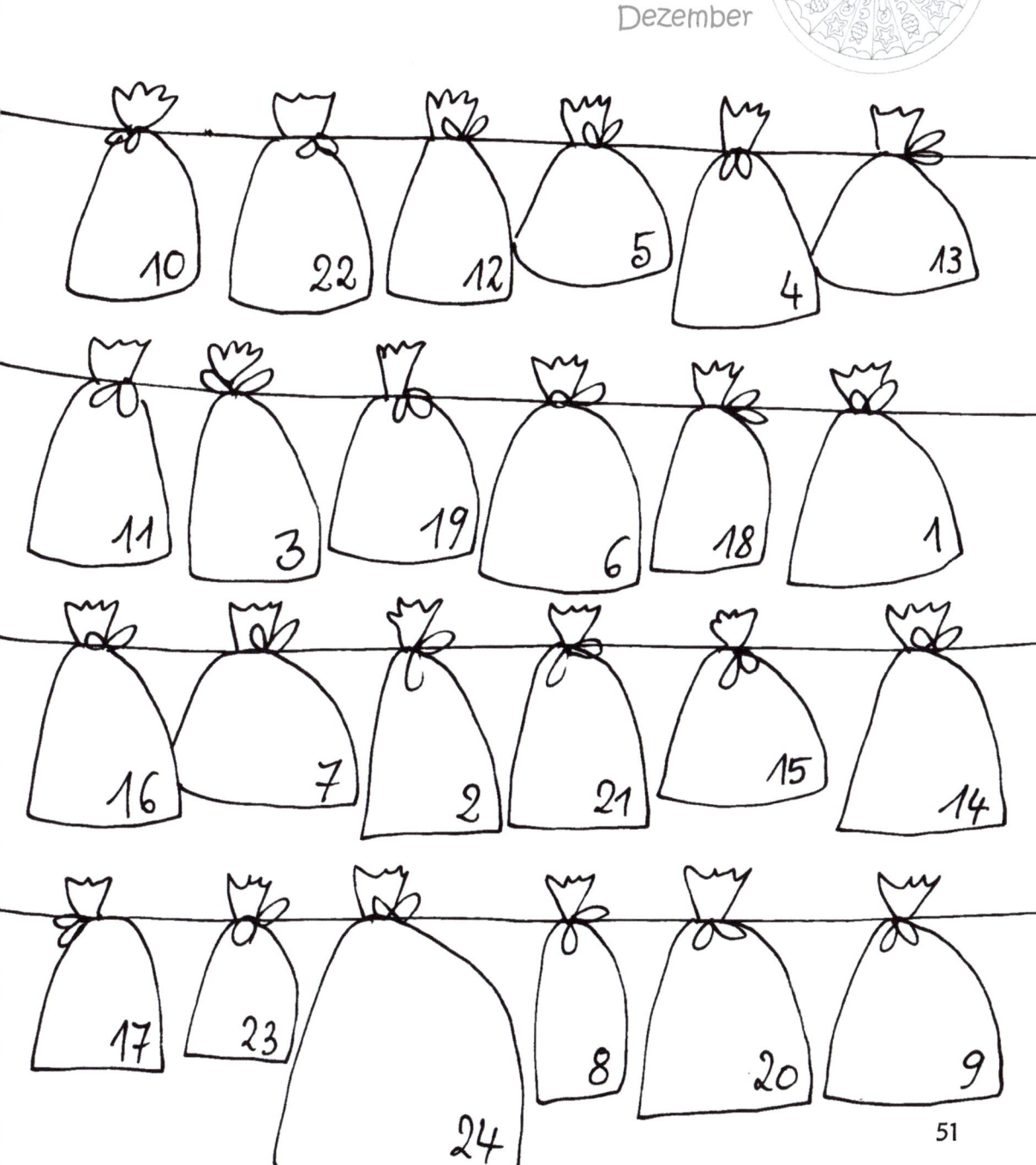

Annika will's wissen!

Endlich ist es wieder so weit. Die schönste Zeit im Jahr beginnt, und ich stürze mich auf meinen Adventskalender von Tante Paula. Stell dir vor, in jedem Säckchen verstecken sich bunte Sticker. Cool!

Wie ist es bei dir? Beantworte folgende Fragen:

⭐ Hast du einen Adventskalender?

⭐ Wie sieht er aus?

⭐ Was ist im Adventskalender?

⭐ Kommt zu dir der Nikolaus?

⭐ Was kann er Gutes über dich sagen?

⭐ Mit wem feierst du das Weihnachtsfest?

⭐ Wie feiert ihr es?

⭐ Habt ihr einen Tannenbaum?

⭐ Wie wird er geschmückt?

⭐ Worauf freust du dich am meisten?

Finde heraus, wie du dich fühlst, und male die entsprechenden Gesichter bunt an!

ACHTE AUF DEINE GEFÜHLE!

Wie fühlst du dich, wenn du an Weihnachten denkst?

Wie fühlst du dich, wenn du an die Ferien denkst?

Wie fühlst du dich, wenn du an die viele Familienzeit denkst?

Was brauchst du, damit du dich in der Weihnachtszeit wohlfühlst?

....

Was war dein schönstes Weihnachtsgeschenk bislang?

....

Wenn du nicht Weihnachten feierst, was und wie feierst du dann?

....

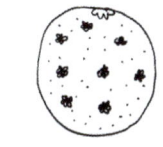

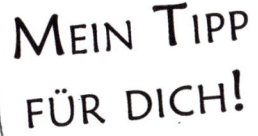

Es duftet!

Du kannst den Weihnachtsabend kaum erwarten?

Vertreibe dir die Zeit und bastle dir einen Weihnachtsduft für dein Zimmer.

Besorge dir eine Orange und Nelken.

Bespicke die Orange mit den Nelken und befestige ein Band rund um die Orange.

So kannst du sie in deinem Zimmer aufhängen, wo sie einen wunderbaren Adventduft verbreiten wird.

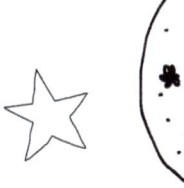

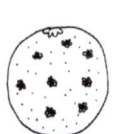

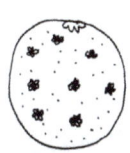

Dezember

Schmücke den Tannenbaum ganz persönlich. Überlege dir fünf Dinge, die du an dir magst. Schreibe sie dann in die Kugeln.

56

24. Dezember

Dezember

Notizen

Wir haben Silvester zu Hause verbracht und uns Witze erzählt. Nach dem Essen bin ich auf der Couch eingeschlafen. Papa hat mich um Mitternacht aufgeweckt. Durchs Fenster haben wir die bunt glitzernden Raketen bewundert. Das war unglaublich schön, aber auch ein bisschen laut.

Wo hast du Silvester verbracht? ....

....

Mit wem hast du den Jahreswechsel gefeiert? ......

....

Hast du etwas Leckeres gegessen? ....

....

Hast du etwas Schönes unternommen? ....

....

Was sind deine Wünsche für das neue Jahr? ....

....

Darum wird das neue Jahr ein ganz besonderes:

....

....

....

Januar

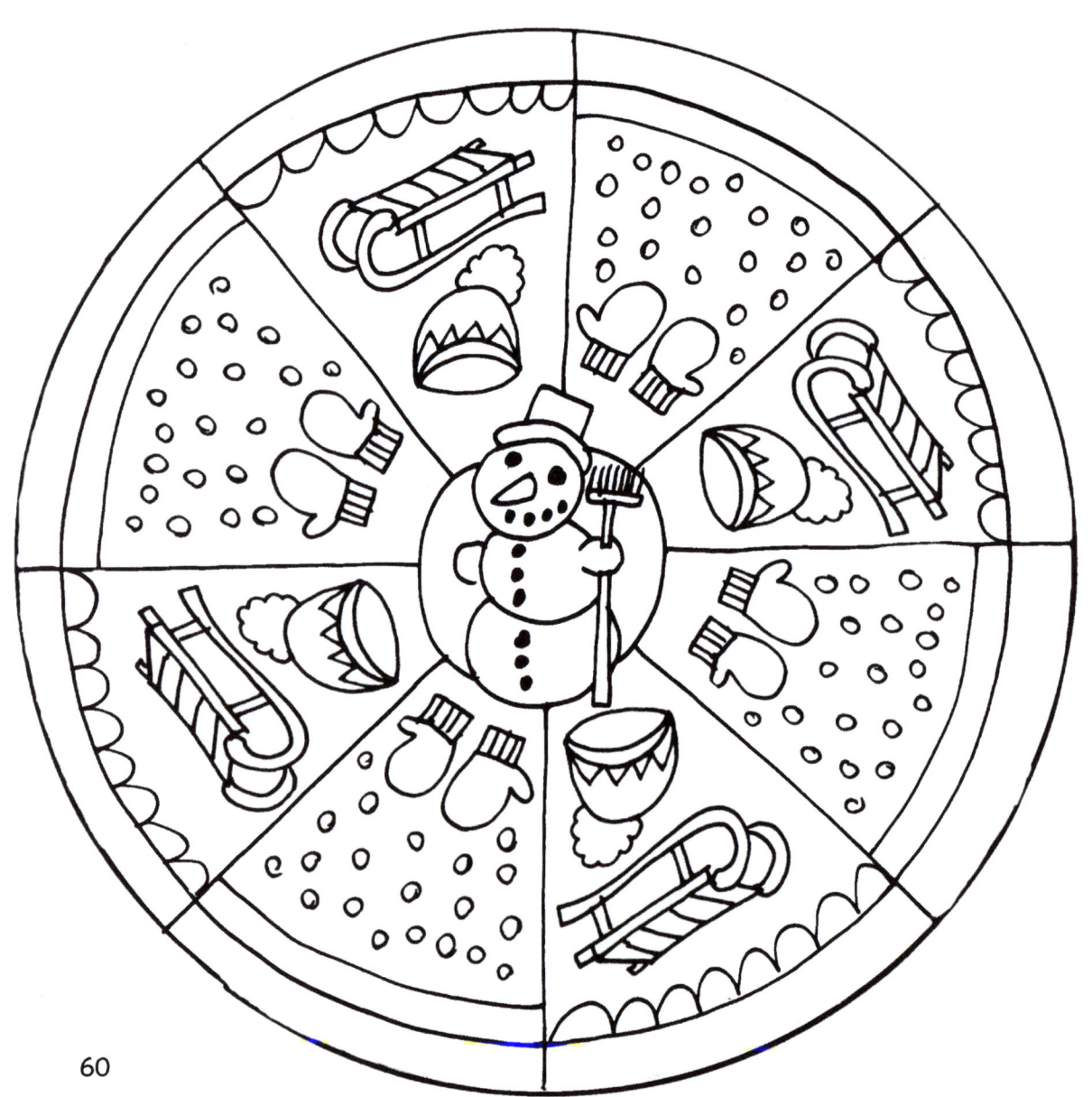

Annika will's wissen!

Wie sieht dein Glücksbringer für das neue Jahr aus? Male ihn auf!

Die ersten Schneeflocken fallen. Tim und ich können es kaum erwarten, bis wir endlich den ersten Schneemann bauen.

61

ACHTE
AUF DEINE
GEFÜHLE!

Welche Gefühle sollen dich
im neuen Jahr begleiten?
Schreibe sie in die
Schneebälle.

zufrieden

entspannt

glücklich

MEIN TIPP FÜR DICH!

Yoga-Entspannung

Brauchst du mal eine Pause?

Dann entspanne dich bei Yoga.

Hol dir eine Kuscheldecke oder eine Turnmatte und lege dich flach auf den Rücken.

Lege deine Handflächen auf deinen Bauch.

Nun versuche, deinen Atem in den Bauch zu lenken, sodass sich deine Bauchdecke hebt, wenn du einatmest. Beim Ausatmen senkt sich deine Bauchdecke wieder.

Atme auf diese Weise ungefähr 20 Mal ein und aus und merke dabei, wie du die Gedanken einfach weiterziehen lassen kannst und ganz ruhig und entspannt wirst.

Notizen

Februar

ACHTE AUF DEINE GEFÜHLE!

Magst du die Faschingszeit? Fühle in dich hinein und finde es heraus!

Wie findest du Faschingspartys?

Male den entsprechenden Daumen bunt an.

Faschingspartys finde ich ...

lustig

langweilig

cool

peinlich

Welches Faschingskostüm passt im Moment am besten zu deinen Gefühlen? Male es auf.

67

Februar

Lachen ist gesund!

MEIN TIPP FÜR DICH!

Was ist dein Lieblingswitz?

Schreibe ihn hier auf und lies ihn dir immer dann durch, wenn du schlechte Laune hast:

....

....

....

....

....

....

....

....

Annikas Lieblingswitz:

Zwei Zahnstocher gehen auf den Berg und werden plötzlich von einem Igel überholt. Sagt der eine Zahnstocher zum andern: „Hätte ich gewusst, dass es hier einen Bus gibt, wäre ich mit dem gefahren!"

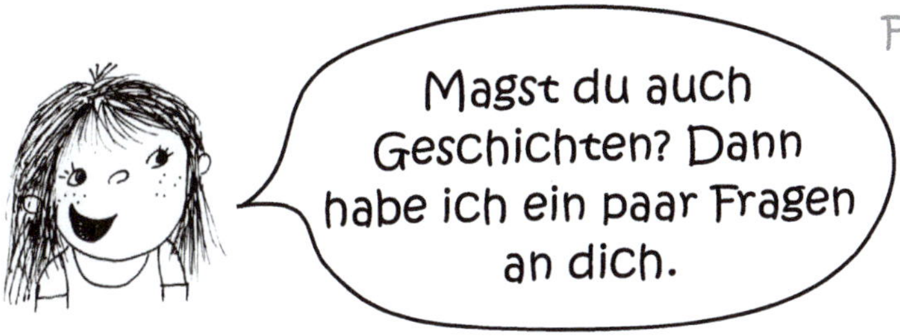

Magst du auch Geschichten? Dann habe ich ein paar Fragen an dich.

Wie heißt deine Lieblingsgeschichte? ....

....

Wer erzählt dir gerne Geschichten? ....

Wer liest dir meistens vor? ....

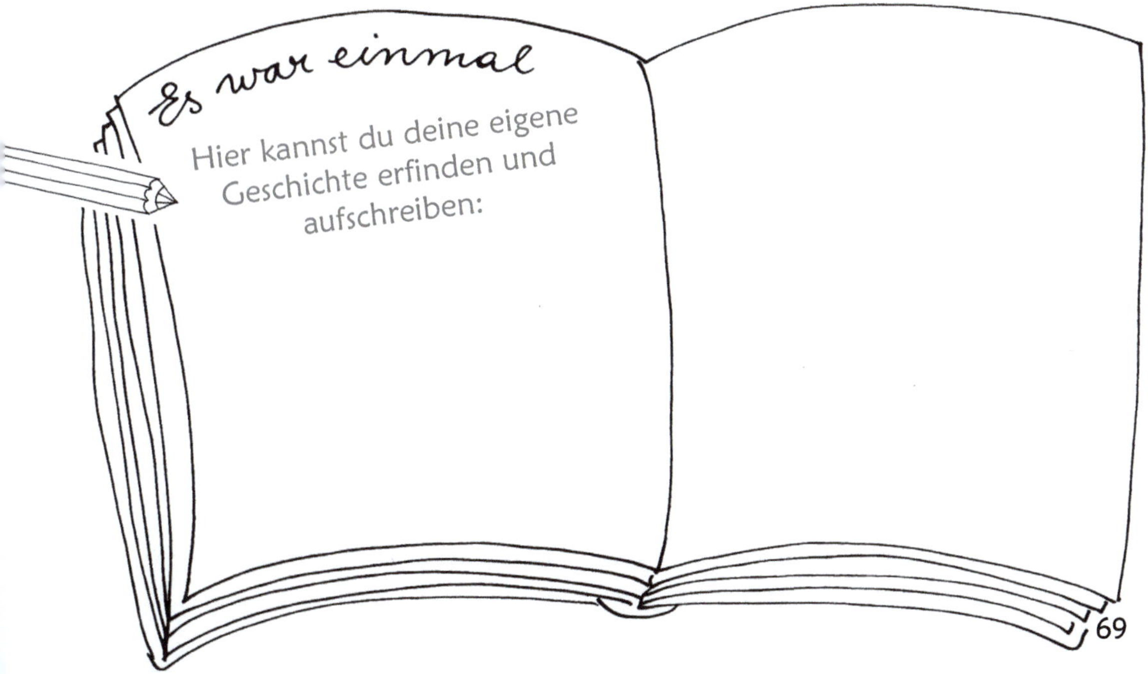

Es war einmal

Hier kannst du deine eigene Geschichte erfinden und aufschreiben:

Es sind Semesterferien. Tante Paula kommt zu Besuch. Ich freue mich schon riesig! Tante Paula hat fast immer gute Laune, und die ist echt ansteckend. Sie kocht für uns Apfelstrudel, und gemeinsam schnipseln wir Obstsalat.

Sogar das Aufräumen macht mit Tante Paula großen Spaß. Am Nachmittag plantschen wir im Hallenbad oder gehen Eislaufen.

Jeden Abend kuschelt sich Tante Paula zu mir und Tim ins Bett und erzählt spannende Geschichten von früher, als Mama und Tante Paula so alt waren wie wir.

Notizen

FÜHL DICH WOHL!

Suche dir ein Lied aus, das du morgens bis abends singen könntest, wenn du dich spitzenklasse fühlst. Höre es jetzt an oder spiele es in deinem Kopf ab und tanze dazu!

Annikas
Frühling

März

Die Sonnenstrahlen werden langsam wärmer und kitzeln mich auf der Nasenspitze. Der Frühling ist da, wie schön! Tim und ich dürfen am Spielplatz länger spielen. Neulich haben wir schon die ersten Blumenblüten entdeckt.

Hast du eine Lieblingsblume? Male sie auf!

Annika will's wissen!

Seit gestern fühle ich mich nicht so gut. Ich glaube, ich bin ein bisschen krank. Mama sagt, ich soll im Bett bleiben, warmen Tee trinken und wieder gesund werden.

Warst du auch schon einmal krank?   O Ja   O Nein

Wie fühlst du dich, wenn du krank bist? ....

....

Was tust du, damit es dir wieder besser geht? ....

....

Wie fühlst du dich, wenn es jemandem aus deiner Familie schlecht geht? ....

....

ACHTE AUF DEINE GEFÜHLE!

Annikas Eltern müssen beide arbeiten. Deshalb helfe ich im Haushalt und kümmere mich um Tim und die kranke Annika. Sie ist zurzeit ziemlich schlecht gelaunt. Kein Wunder: Sie wollte sich mit ihrer Freundin Lara treffen, und jetzt liegt sie krank im Bett.

Tante Paula

Wie kannst du dich beruhigen und deine Gefühle ordnen, wenn du wütend bist?

....

....

....

Welche drei Dinge machen dich wütend?

1. ....

2. ....

3. ....

Wenn ich wütend bin,

O laufe ich weg.

O zerreiße ich eine alte Zeitung.

O stampfe ich auf den Boden.

O male ich ein Wutbild.

O mache ich etwas ganz anderes, nämlich ....

....

76

Wut rauslassen

MEIN TIPP FÜR DICH!

Bist du wütend?

Stell dir vor, deine Wut nimmt Gestalt an.

Wie sieht sie aus? Zeichne ein Bild davon.

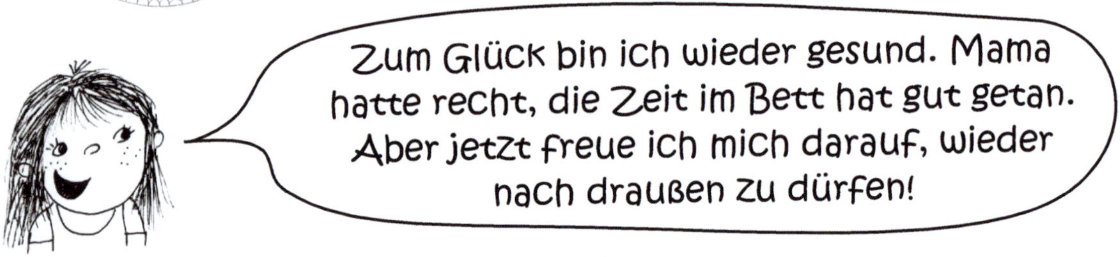

Zum Glück bin ich wieder gesund. Mama hatte recht, die Zeit im Bett hat gut getan. Aber jetzt freue ich mich darauf, wieder nach draußen zu dürfen!

Worauf freust du dich?
Schreibe oder male es auf!

Notizen

April

Nächste Woche beginnen die Osterferien. Tim und ich fahren für ein paar Tage zu Oma und Opa aufs Land. Gemeinsam bemalen wir dort ausgeblasene Eier und backen ein Osterbrot fürs Osterfrühstück. Am Ostersonntag kommen auch Mama und Papa zu uns.

Bereits früh am Morgen suchen wir im Garten aufgeregt nach Osternestern. Wir haben etwas gefunden!

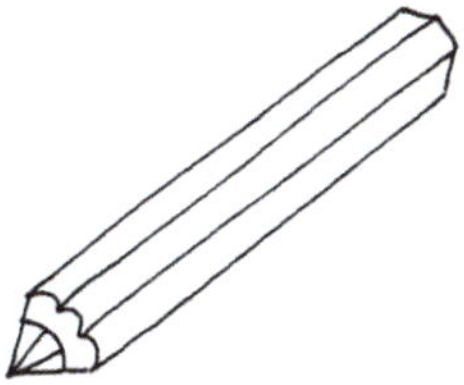

Finde alle im Garten versteckten Eier und andere Überraschungen und male sie bunt aus!

81

Klatschbild

MEIN TIPP FÜR DICH!

Draußen blüht die Natur auf.

Hole dir einen Blumengarten in dein Zimmer, der nie verblüht! Das geht so:

Falte ein großes, weißes Blatt Papier in der Hälfte zusammen.

Öffne das Blatt wieder und male dann auf der linken Seite bunte Kleckse mit Wasserfarben. Klatsche das Bild zusammen und öffne es wieder.

Fertig ist dein persönlicher Blumengarten für dein Zimmer!

ACHTE
AUF DEINE
GEFÜHLE!

Wie fühlst du dich heute?
Zeichne deine aktuelle Stimmung
auf dem Gefühlsbarometer ein.
Erkläre deine Stimmung.

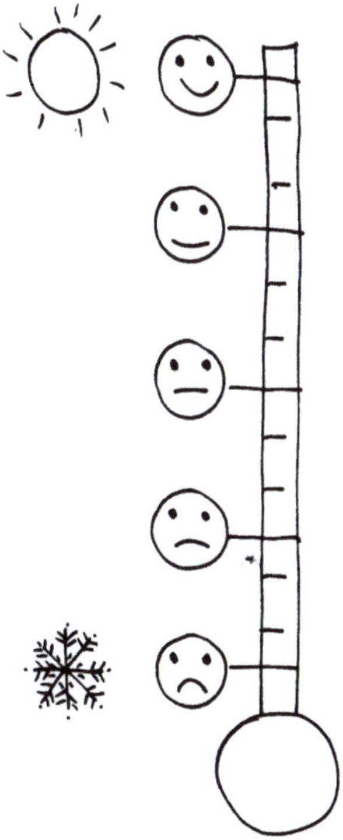

Heute fühle ich mich ...

FÜHL DICH WOHL!

Gönn dir Zeit für deine vier Wände. Halte Ausschau nach Dingen, die du nicht mehr brauchst. Verschenke jene, die verwendbar sind, und sortiere die kaputten Dinge aus. Nun ist Platz für Neues!

Folgende Dinge werde ich ...

verschenken	aussortieren

Notizen

Mai

Heute ist der 8. Mai. Ich habe Geburtstag und werde 9 Jahre alt! In der Schule haben alle Kinder für mich „Happy Birthday" gesungen. Aus der Geburtstagskiste durfte ich mir etwas aussuchen: Ich habe mir den Regenbogenstift genommen.

Zu Hause hat mich Mama mit einer Geburtstagstorte mit lila Marzipanröschen und einem CD-Player für mein Zimmer überrascht. Ich darf meine besten Freundinnen einladen, und Papa hat für uns einen Schatz im Garten vergraben. Geburtstag ist der beste Tag im Jahr!

FÜHL DICH WOHL!

geduldiger sein

Fußball spielen lernen

häkeln können

mutiger sein

ordentlicher sein

ein Musikinstrument spielen können

Annikas Geburtstagstorte hat neun Kerzen. Bei jeder Kerze, die sie ausbläst, hat sie einen Wunsch fürs neue Lebensjahr frei. Ein paar Wünsche hat sie sich schon überlegt.

Stell dir vor, es wäre deine Torte. Welche Fähigkeiten und Eigenschaften wünschst du dir für dich?

Schreibe sie in die Kerzen.

MEIN TIPP FÜR DICH!

Partyspiel

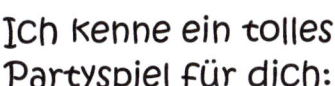

Ich kenne ein tolles Partyspiel für dich:

Wähle ein cooles Lied aus und spiele es ab. Tanze mit deinen Freunden/Freundinnen dazu. Bitte jemanden, die Musik zu stoppen. Sobald die Musik aufhört,

* suchen sich alle Kinder mit derselben Schuhgröße.

* suchen sich alle Kinder mit derselben Augenfarbe.

* sagt jeder seinen Namen rückwärts.

* verwandeln sich alle Kinder in Statuen.

* verwandeln sich alle Kinder in Gummimännchen.

* verwandeln sich alle Kinder in ihr Lieblingstier.

Notizen

Annikas
Sommer

Juni

Juhu! Meine Freundin Lara darf heute das erste Mal bei mir übernachten! Wir spielen unser Lieblingsspiel, erzählen uns Gruselgeschichten und bleiben ganz lange auf.

Ich schlafe auf einer Matratze neben Annikas Bett. Es ist so schön, wenn man echte Freunde hat!

Welcher Freund/welche Freundin war bei dir schon einmal zu Besuch?

....

....

Was spielst du mit deinen Freundinnen/Freunden am liebsten?

....

....

Wo machst du am liebsten Urlaub?
Male oder schreibe deine Ideen auf!

Was ist deine schönste Urlaubserinnerung?

....

Was hast du immer im Reisegepäck mit dabei?

....

Wohin möchtest du unbedingt einmal reisen?

....

....

....

95

Eine tolle Radtour

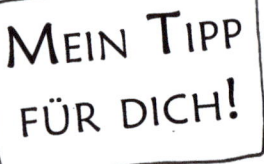

MEIN TIPP FÜR DICH!

Erlebe diesen Sommer in Bewegung!

Treffe dich mit deinen Freunden/mit deinen Freundinnen zu einer Radtour.

Nimm ausreichend zu trinken mit und halte deine schönsten Eindrücke in Fotos oder Bildern fest.

Juni

Bald sind Sommerferien. Male ein, wie voll deine Batterien für die Schule noch sind!

ACHTE AUF DEINE GEFÜHLE!

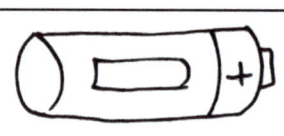 leer

 halbvoll

 voll

Zeige durch Anmalen der Gesichter, wie dir die Schulfächer gefallen haben.

Sport

Werken/Zeichnen

Deutsch

Mathe

Notizen

Juli

MEIN TIPP FÜR DICH!

Auswärts essen

Es ist ein guter Zeitpunkt für ein Picknick:

Nimm dir einen großen Korb und fülle ihn gemeinsam mit deinen Freunden/Freundinnen mit leckeren Broten, Obst und ausreichend Wasserflaschen. Jeder nimmt etwas mit, dann habt ihr genügend Auswahl.

Vergesst die Picknickdecke nicht!

Nun sucht ihr euch noch einen schönen Platz in einer grünen Wiese und genießt das Picknick.

Anschließend betrachtet ihr am Rücken liegend die Wolken und erratet, woran sie euch erinnern.

Oje. Gestern hatte ich einen Unfall mit meinem neuen Fahrrad. Das kam so:

Zum Spaß haben Mario und ich ein Fahrradrennen am Spielplatz gemacht. Blöderweise habe ich aus Versehen eine Bremsung auf Schotter gemacht, bin ausgerutscht und dabei mit Mario zusammengekracht.

Nun hat mein Vorderreifen einen Achter und der Lenker ist verbogen. Marios Rad ist zum Glück heil geblieben. Papa hat mich getröstet und mir versprochen, am Samstag gemeinsam mit mir mein Fahrrad zu reparieren.

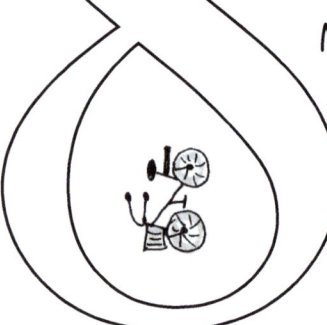

Ist dir schon einmal etwas kaputt gegangen, das dir sehr wichtig war?

....

Was kann dein Papa besonders gut? ....

....

Notizen

August

Nächste Woche fahre ich gemeinsam mit meinem Bruder Tim zu Oma und Opa. Wenn es trocken bleibt, wollen wir im Garten zelten. Das wird bestimmt spannend!

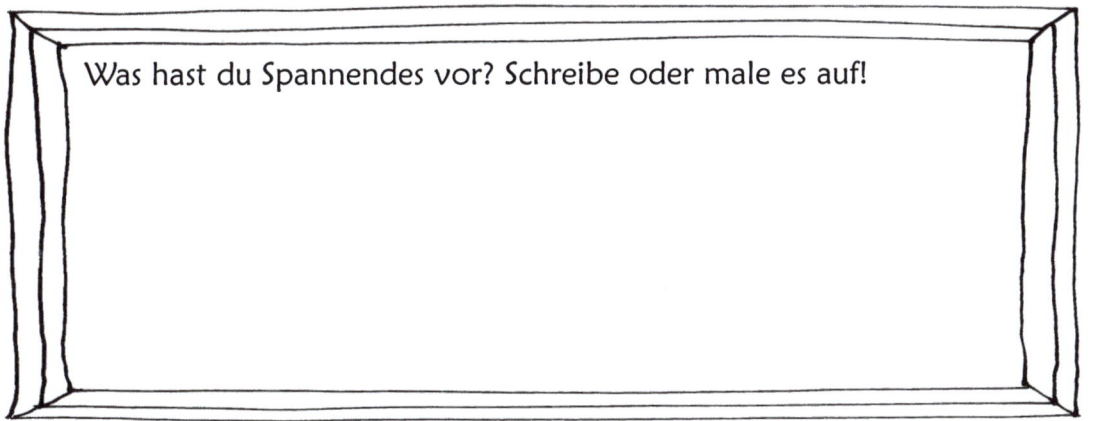

Was hast du Spannendes vor? Schreibe oder male es auf!

Gemeinsam werden wir in den Sternenhimmel gucken. Vielleicht habe ich Glück und ich sehe eine Sternschnuppe. Dann schließe ich die Augen und wünsche mir etwas Besonderes.

In den letzten zwei Ferienwochen fahren wir mit Mama und Papa ans Meer. Wir werden in einem Hotel wohnen, Tim und ich haben sogar ein eigenes Zimmer. Zu Mittag gibt es echtes italienisches Essen und vielleicht ein Eis. Wenn die Wellen nicht zu wild sind, können wir stundenlang im Meer tauchen, schwimmen und plantschen.

Hier ist Platz für ein Bild oder ein Foto:

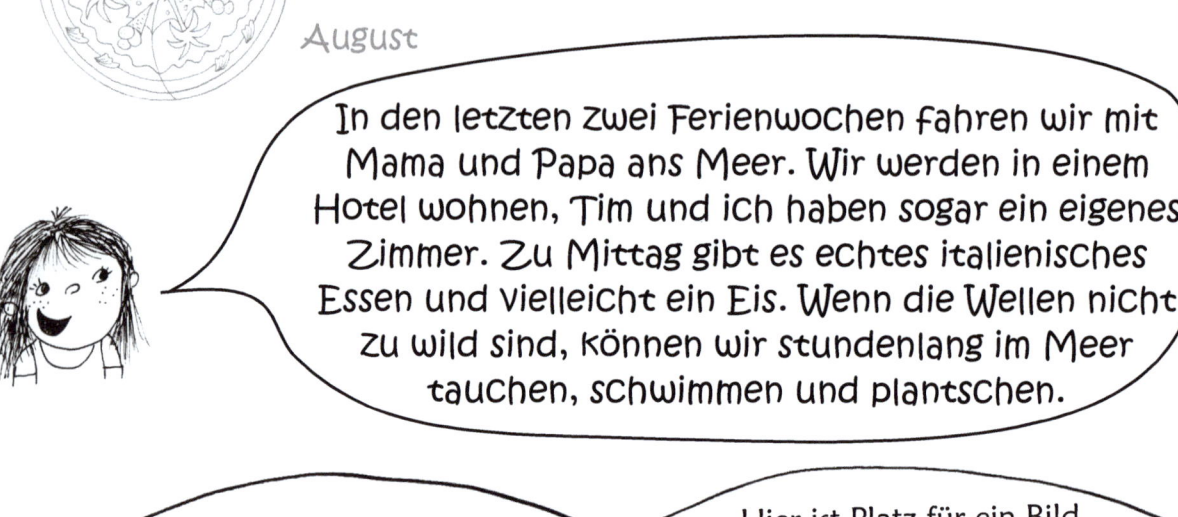

Wo schwimmst du am liebsten?

....

....

....

Der magische Stein

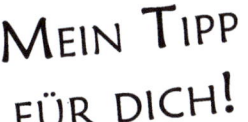

Bastle dir einen magischen Stein:

Suche dir im Bach, am See oder im Wald einen schön geformten Stein.

Wasche ihn und lass ihn gut trocknen.

Bemale ihn dann mit leuchtend schönen Wasserfarben.

Versiegle ihn anschließend gemeinsam mit deinen Eltern mit Klarlack. So glänzen die Farben für lange Zeit.

In schwierigen Situationen kann dir dein magischer Stein Kraft und Schutz geben.

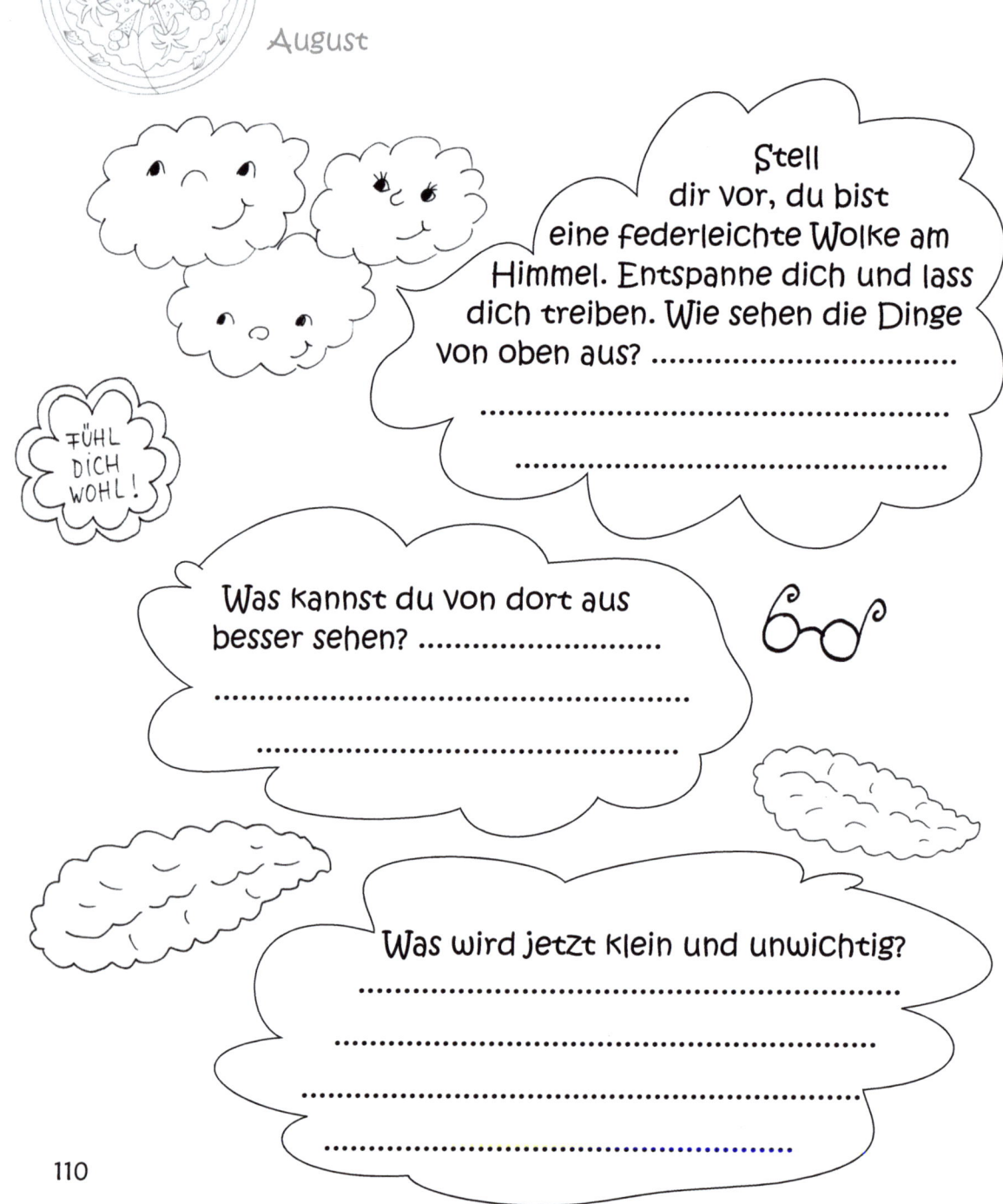

FÜHL DICH WOHL!

Stell dir vor, du bist eine federleichte Wolke am Himmel. Entspanne dich und lass dich treiben. Wie sehen die Dinge von oben aus? ....

....

....

Was kannst du von dort aus besser sehen? ....

....

....

Was wird jetzt klein und unwichtig?

....

....

....

....

Notizen

Autorinnen & Illustratorin

Mag. Sigrun Eder hat 2008 bei der edition riedenburg die Buchreihe „SOWAS!" gegründet. Sie arbeitet am Uniklinikum Salzburg. Als Klinische Psychologin, Systemische Familientherapeutin sowie Säuglings-, Kinder- und Jugendlichen-Psychotherapeutin ist sie an der Universitätsklinik für Kinder- und Jugendpsychiatrie sowie am Universitätsinstitut für Klinische Psychologie der Christian-Doppler-Klinik – Paracelsus Medizinische Privatuniversität tätig.

Mag. Petra Rebhandl-Schartner ist diplomierte Kindergärtnerin, Horterzieherin sowie Klinische und Gesundheitspsychologin. Seit 2003 ist sie Mitarbeiterin des Projekts „JoJo – Kindheit im Schatten" und begleitet Kinder psychisch erkrankter Eltern.

Evi Gasser lebt und arbeitet als freischaffende Grafikerin und Illustratorin in Kastelruth. Für verschiedene Verlage hat sie bereits erfolgreich mehrere Kinderbücher illustriert. Sie zeichnet Adventskalender, Glückwunschkarten, Malbüchlein und vieles mehr.

Bibliografische Information der Deutschen Nationalbibliothek
Die Deutsche Nationalbibliothek verzeichnet diese Publikation in der Deutschen Nationalbibliografie; detaillierte bibliografische Daten sind im Internet über http://dnb.d-nb.de abrufbar.

1. Auflage	Juni 2017
© 2017	edition riedenburg
Verlagsanschrift	Anton-Hochmuth-Straße 8, 5020 Salzburg, Österreich
Internet	www.editionriedenburg.at
E-Mail	verlag@editionriedenburg.at
Lektorat	Dr. phil. Heike Wolter, Regensburg
Satz und Layout	edition riedenburg
Herstellung	Books on Demand GmbH, Norderstedt

Bis bald! Deine Annika

SOWAS-Buch.de

ISBN 978-3-903085-60-2